Barbara Schenkbier

Lebenskräfte

vianova

Verlag Via Nova

Barbara Schenkbier

Lebenskräfte

Verlag Via Nova

Die Fotos hat Celina Fiene, die Enkelin von Barbara Schenkbier, im Garten der Autorin aufgenommen, Zentrum für Naturheilkunde und Yoga in Hildesheim.

Das Foto auf S. 22 stammt von einer Pilgerwanderung der Autorin, fotografiert von Gerhard Schadt, Feucht.

1. Auflage 2014

Verlag Via Nova, Alte Landstr. 12, 36100 Petersberg

Telefon: (06 61) 6 29 73

Fax: (06 61) 96 79 560

E-Mail: info@verlag-vianova.de

Internet: www.verlag-vianova.de / www.transpersonale.de

Umschlaggestaltung: Guter Punkt, München

Satz: Sebastian Carl, 83123 Amerang

Druck und Verarbeitung: Appel und Klinger, 96277 Schneckenlohe

ISBN 978-3-86616-285-3

Inhaltsverzeichnis

Einführung

Wer kennt sie nicht, diese von Zauber erfüllten Momente des Lebens, in denen uns Kräfte zufließen, mit denen alles gelingt, was vorher vielleicht mühsam und schwer war. Manchmal scheinen uns Flügel zu wachsen, die das Leben leicht und beschwingt werden lassen. Oder wir entdecken eine Kraft in uns, die Mut macht, etwas ganz Neues anzupacken.

Woher kommen diese Kräfte, die unser Leben mitbestimmen, und wie können wir sie mobilisieren?

Es sind die Lebenskräfte, die in den Tiefen unserer Bewusstseinsschichten schlummern und deren Ursprung unser Seelenbewusstsein ist. Lebenskräfte und Bewusstseinskräfte gehen Hand in Hand. Im Laufe unserer Evolution sind wir mit einem multidimensionalen Bewusstsein beschenkt, das uns mit seinen ebenso vielfältigen Lebenskräften erfüllen kann, wenn wir uns unserem Seelenbewusstsein zuwenden. Es ist unser innerstes Bewusstsein, das sich nicht als getrennt erfährt, sondern in der Verbundenheit mit allem Sein von der Urkraft aller Kräfte, der Liebe, genährt und durch das Leben getragen wird.

Diese Urkraft in uns geht niemals verloren. Sie ist nur durch mangelnde Einsicht oder Erkenntnis verborgen. Aber alle Lebenskräfte sind gleichzeitig Bewusstseinskräfte, die die in uns selbst liegenden Potenziale mobilisieren und uns tiefere Einsichten und Erkenntnisse über uns selbst schenken. Sie helfen uns, die Krisen, Ängste und Nöte zu überwinden, denn natürlich gehören auch Dissonanzen zu unserem Leben. Die Musik wird lebendig durch ein harmonisches Maß der Dissonanzen. Auch unser Leben bekommt oft gerade durch Dissonanz, z. B. in Form von Leid, die Schwungkraft für einen Durchbruch zu einer erneuernden Lebensstufe und der damit verbundenen neuen Kraft. In meinem Buch „Die Vision vom göttlichen Menschen" habe ich besonders darauf hingewiesen.

Wir können uns nur wandeln und unsere gewöhnliche Bewusstseinsstufe überschreiten und erweitern, wenn wir unsere Lebenskräfte mobilisieren und sie auf eine höhere Stufe der Kraft führen.

Wenn wir etwas in dieser wunderbaren und für uns einmaligen Welt verändern wollen, dann müssen wir unseren Kindern und Enkelkindern durch unser Beispiel zeigen, dass wir durch unsere in uns liegenden Lebenskräfte das Leben auf dieser Erde bereichern und nicht ausbeuten, dass wir in ihrer Schönheit mitschwingen und sie nicht zerstören, dass wir ein Teil ihrer Nahrungskette sind und alle Menschen auf dieser Erde genug von allem für ein menschenwürdiges Leben haben, dass wir vom Urgrund allen Seins in der Kraft der Liebe und des Friedens gesegnet sind.

Ich wünsche Ihnen, liebe Leserin, lieber Leser, dass Ihnen mit jeder Zeile, die Sie in diesem Buch lesen, neue Kraft zufließt. Lassen Sie sich auch durch die Bilder aus meinem Garten inspirieren und verbinden Sie sich mit den wunderbaren, ordnenden Kräften der Natur. In der Verbundenheit der Lebenskräfte, die uns aus der Seele und der Natur zufließen, möge Ihnen dieses Buch ein hilfreicher Begleiter sein.

Liebe

Die Urkraft allen Lebens ist die Liebe.

In ihr wächst alles Leben.

Liebe ist die Kraft, die dein Leben umarmt. Die Milliarden Atome, die dich umgeben und durchdringen, sind aus Liebe entstanden.

Atme einmal – jetzt – in diesem Bewusstsein, mit deiner ganzen Aufmerksamkeit, die Atome der Liebe ein.

Lass dich vom Atem der Liebe durchdringen.

Spüre auch um dich herum, wie dich die Atome der Liebe berühren, streicheln, umarmen.

Stell' dir vor, wie sie sich für den unendlichen Strom der Liebe, aus dem du bestehst, öffnen und die Urkraft allen Lebens in der Liebe mit dir eins wird.

Stell' dir vor, dass jede Zelle deines Körpers aufblüht wie eine Rose.

Lass dein Herz aufblühen wie eine Rose und strahle mit der Liebe deines Herzens in dein Leben.

Jetzt und zu allen Zeiten.

Du bist Liebe. Lebe in ihrer heilenden Kraft.

Kraft

Wir denken, fühlen, leben, atmen durch die Kraft der Sonne, die für unsere physische Existenz Leben bedeutet, Lebenskraft.

Die Natur zeigt uns ihre Vielfalt und Wandlungsfähigkeit.

Schau dir dieses Baumgesicht, das ich auf der Insel Fünen entdeckte, einmal näher an.

Über wie viele Jahre gehörte diese Rinde zu einer wohl mächtigen Eiche, irgendwo auf dieser Erde. Wie viel Kraft steckte in ihr? Wie vielen Kreaturen mit ihren ganz eigenen Kräften hat der Baum Heimat gegeben? Was hat ihn zu Fall gebracht? Ein Sturm? Wir wissen es nicht. Wie viele Jahre wurde dieses Holz von der Kraft der Wellen im Meer geschüttelt und vom Salzwasser durchdrungen?

Irgendwann schleuderte ihn eine mächtige Welle an den Strand. Der Künstler, der ihn fand, muss ihn liebevoll gestreichelt haben, wie damals, als Blätter und Insekten seine Rinde streichelten, denn nun strahlt diese Zartheit aus seinem Baumgesicht.

Es ist eine zarte Weisheit, die von der Kraft der Jahrhunderte durch den Baum bis in unsere Zeit erzählt. Es ist die Kraft, die alle Zeiten überdauert und sich ständig wandelt.

Sie ist die sich stets wandelnde Urkraft des reinen Geistes.

Jetzt, in diesem Atemzug, atmest du mit der Urkraft allen Lebens ein und aus. Immer jetzt. Jetzt.

Denke daran, wenn du schwach wirst. Erwarte das Wunder einer dich stets erneuernden Kraft.

Schwingung

Ein Schmetterling tanzt an mir vorbei, schwingt sich von Blüte zu Blüte, lässt sich von der Schwingung des Sommerwindes über den Rasen tragen und entschwindet leicht und frei in die lichte Weite.

Kannst du dich auch so leicht und frei fühlen und beschwingt den Alltag meistern?

Ich erzähle dir eine Geschichte, die mir in einer Vision geschenkt wurde, eine Erfahrung als ein Symbol, die die Urkraft der Schwingung widerspiegelt:

Mein Weg führte mich in eine kleine Kapelle. Am Altar saß ein uralter Mann mit gekreuzten Beinen. Seine Augen blitzen hellwach vergnügt. Ich setzte mich andächtig in eine Kirchenbank und erwartete eine weisheitsvolle Botschaft. Er aber begann zu lachen. Ein mächtiges Lachen durchschüttelte seinen ganzen Körper und erfasste den ganzen Raum. Ich dagegen wurde wütend und sagte entrüstet: „Das Leben ist nicht lustig." Peng. Da war es aus mir heraus. Er lachte unbeirrt weiter und sagte mit einer unendlichen Liebesschwingung: „Doch! Das Leben ist Freude." Sein Lachen wurde sanfter. Die gewaltige Schwingung seines Lachens hatte nicht nur den Raum der Kapelle durchdrungen, sondern begann nun ebenfalls mich selbst zu erfassen. Die Urkraft der Freude erreichte meine Zellen bis in eine Tiefe, wo seine Weisheit der Freude auf meine innerste Wahrheit der Freude traf und ihre Schwingung von dort mein Leben durchflutete. Ich erkannte, dass der Urgrund allen Lebens Freude ist. Nun lacht das Leben tief in mir in der Schwingung der Freude. Sie ist die Heilkraft der Seele, die alle Mühsal des Lebens durchdringen kann.

Auch tief in dir möchte dir die heilende Lebensschwingung der Freude entgegenlächeln. Lächle dir zu. Lächle durch alle Wunden und Schmerzen hindurch in deine Seelentiefe und lass dich von ihrer Schwingung der Freude durch dein Leben tragen.

Schwingung

Musik

Kannst du dir ein Leben ohne Musik vorstellen? Ohne das Jubilieren der Vögel? Ohne das Rauschen der Bäume, durch die der Wind seine Melodie singt?

Schenke dir einen Tag des Hörens. Schenke dir einen Tag des Lauschens.
Wenn wir in die Klänge der Natur hineinlauschen, singt es in uns unbewusst weiter. Es scheint, als würde sich die Musik der Natur mit unseren inneren Klängen, die auch unser Körper ununterbrochen erzeugt, verbinden und uns mit ihren Klängen beschenken. Mit unserem Körper sind wir ein Teil der Natur. Deshalb erkennt unsere physische Natur ihre Klänge als eine heilende und ordnende Kraft. Die alles verbindende Kraft ist eines der vielen Geheimnisse der Natur, ganz besonders der Musik.

Musik kennt keine Grenzen. Über alles natürlich Hörbare hinaus kannst du den Klang hinter dem Klang hören. Als geistiges Wesen bist du selbst als Klangkörper mit allem verbunden. Du kannst durch alle Klänge hindurch die Musik deines Lebens entdecken. Die Kraft ist die Resonanz, die du ausstrahlst und die dich mit den Menschen verbindet, mit denen du übereinstimmst. Die reinste Kraft der Musik ist die Kraft der Stille. Durch Stille schwingt sich der reinste Ton deines Lebens als klingender Brückenbauer nach außen in dein Leben. Von dort wird dir die Resonanz geschenkt, die wirklich mit dir über-einstimmt und friedvolle und von Freude erfüllte Lebensklänge schenkt. Lass die Musik deines Lebens durch dich hindurch erklingen. Sei hell klingender Brückenbauer, der die verbindende Kraft der Freundschaft und des Friedens in seiner Lebensmusik verschenkt.

Musik

Schönheit

Schönheit strahlt, leuchtet und ist anziehend. Schönheit offenbart Liebreiz und Bewunderung. Schönheit ist ein Geschenk deiner Seelenkräfte. Schönheit ist die Kraft, die durch alle Kräfte der Seele strahlt. Du kannst deinen Blick für Schönheit öffnen, wenn du deine Wahrnehmung für ihre Urkraft schulst. Vielleicht stellst du dich einmal mitten in die Natur und lässt ihre beseelte Schönheit auf dich wirken, dann wird sie dich tief berühren.

Du würdest selbst als Astronaut den Kosmos in seiner Schönheit ebenso erfahren. Schönheit ist einmalig in ihrer Vielfalt. Gerade deshalb ist sie eine Kraft, die der gesamten Schöpfung ihre ganz eigene Note schenkt, so wie dir. Du bist schön. Dein Seelenbewusstsein möchte diese deine ureigene Lebenskraft der Schönheit durch dich hindurch verschenken. Du bist durch die Urkraft deiner Schönheit ein ganz besonderes Geschenk für diese Erde, für den Kosmos. Deshalb sehnst du dich danach, Schönheit zu offenbaren, mit ihr in Resonanz zu kommen und dich von ihr anziehen zu lassen. Damit du sie als Urkraft erkennen kannst, muss sie dich im Tiefsten berühren.

Wenn du all deine Sinne mit deinem liebenden Herzen vereinst, kannst du fühlen, wie dich Schönheit anzieht, mit dir in Resonanz schwingt und auf deine innere Schönheit trifft. Dann spüre mit dieser deiner Wahrheit tiefer und tiefer, bis es ganz still wird in dir. In der Stille deines Herzens lass dir von der Schönheit deines Wesens erzählen. Nimm sie als dein Lebensgeschenk an und strahle den Zauber der Schönheit in diese Welt.

Schönheit

Dankbarkeit

Ist dir schon einmal bewusst geworden, dass in dem Wort „Gedanken" das Wort „danken" steht? Sicher, das mag ein Wortspiel sein, aber gleichzeitig liegt der Schlüssel der Kraft im Denken durch das Bewusstsein der Dankbarkeit. Lass dich einmal auf Fragen ein, deren Beantwortung mit deiner Dankbarkeit verbunden ist. Du wirst erstaunt sein, wie viel Lebenskraft dir in deinem Leben geschenkt wurde, für die du im Tiefsten dankbar sein kannst.

1. Wem hast du dein Leben zu verdanken?
2. Wer hat dir die ersten Schritte gezeigt?
3. Mit wem hast du deine ersten Worte ausgetauscht?
4. Wer hat dich in deinem Lebenstraum unterstützt?
5. Wem konntest du vertrauensvoll dein Herz ausschütten?
6. Wer schenkt dir deine Liebe oder Freundschaft?
7. Wie tief bist du mit dir selbst verbunden, so dass du auch dir selbst danke für dein Leben sagen kannst?

Wenn du über diese Fragen nachdenkst, wirst du erkennen, dass du dein ganzes Leben lang von wunderbaren Lebenskräften begleitet wurdest, für die du jetzt, in diesem Augenblick, dankbar sein kannst. Lass Dankbarkeit wie eine sprudelnde Quelle in dein Leben fließen, du wirst, von der Lebenskraft getragen und erfüllt, das Leben umarmen.

Dankbarkeit

Nahrung

Unsere physische Existenz wird jeden Augenblick durch einen Ozean bioenergetischer Strahlung genährt. Es ist ein komplexer Einfluss von Schwingungen, Energien und Frequenzen, einschließlich kosmischer Strahlung, die uns mit allem Leben vernetzt. In diesem Meer von Lebensenergie suchen wir die Nahrung, die unserem spezifischen Biosystem Körper in seiner Frequenz entspricht. Dabei sind unsere Bioantennen auf Licht eingestellt. Diese Nahrungsfrequenz, als lichterfüllte Nahrung, wird von unserem Körper als seine Heilfrequenz erkannt. Als Quelle des Lebens kann sie allen Biosystemen des Körpers Kraft spenden. Denke daran, wenn du heute Nahrung zu dir nimmst, dass du dich mit Lichtkraft verbindest.

Es ist ein Zeichen der jetzigen Zeit, dass sich die Wissenschaft mit diesem Phänomen beschäftigt und herausgefunden hat, dass das Licht der Zellen eine universelle Wahrheit ist. Wenn unser Zellenstaat nicht ausreichend mit der heilsamen Lichtenergie in der Nahrung versorgt wird, dann ist das erste Symptom Müdigkeit und eine lustlose, destruktive Stimmung.

Es ist eigentlich ganz einfach, durch Nahrung Kraft zu bekommen und dadurch die Gesundheit des Körpers zu fördern. Wende eine einfache Formel an: Nahrung = Licht = Kraft

Wenn du deinen Körper mit lebenspendender, vitalstoffreicher Lichtnahrung ernährst, verstärkst du außerdem deine innere, geistige Lichtenergie, die ja die ursprüngliche Lebenskraft in dir ist. So verbinden sich äußere Lichtkräfte mit deinem inneren Lichtbewusstsein und du wächst in der Quelle der Lichtkraft.

Nahrung

Bewegung

Wenn der Wind deine Haut streichelt, fühlst du die Kraft der Luft. Wenn die Wellen des Meeres um deinen Körper tanzen, spürst du die Kraft des Wassers. Wenn Milliarden Lichtfunken durch deine Haut bis in die Tiefen deines Körpers einströmen, erwärmt dich das Licht der Sonne in der Kraft des Feuers. Mit jedem Schritt berührt dich die Kraft der Erde unter deinen Füßen. Mit ihrer Kraft richtest du dich auf. Alles ist ein Symbol, wie auch die Elemente deiner inneren Kraft, die dich bewegt. Nichts in diesem Universum steht still. Aber gerade in der Stille kannst du dich fragen, was dich im Innersten bewegt. Ist das nicht paradox?

Wenn du dich mit der Kraft verbindest, die dich im Tiefsten bewegt, können sich alle Kräfte bündeln und dir die Bewegung schenken, aus der heraus dein Geist motiviert wird. Frage dich doch einmal: Was ist der Beweggrund meines Lebens? Daraus wird sich dein gesamter Bewegungsablauf einstellen und durch deinen Geist widerspiegeln. In der Urkraft der Elemente, die sich durch uns hindurch bewegen, als ein Symbol für die unerschöpflichen Bewegungskräfte, könntest du deine Bewegung vielleicht so wahrnehmen:
Die Bewegung deines Atems schwingt als Lichtkraft durch dich hindurch. Die Flüssigkeit deines Körpers fließt als reinigende Kraft durch dich hindurch. Die Lichtquanten der Sonne durchwärmen deinen Körper mit ihrer heilenden Kraft und beflügeln deinen Geist. Die Kraft der Erde richtet dich auf und zentriert dich in deine Kraftmitte. Von Augenblick zu Augenblick wirst du bewegt. Was bewegst du?

Spüre die Bewegung um dich herum und ganz besonders tief in dir. Dann richte dich auf.
Schwinge lichtdurchströmt mit im Bewegungsrhythmus des Kosmos und tanze dein Leben.

Bewegung

Aufrichtung

Alle Kirchen und Tempel, die gebaut wurden, gleich welcher Religionen, erinnern uns als ein äußeres Symbol an unsere menschliche, biologische und geistige Aufrichtung. Die kraftvolle Bodenhaftung gibt uns die Basis für eine Statik, von deren Mitte aus die Aufrichtung bis in die Spitze hinein gelingt. Die Mitte zeugt von der schöpferischen Vielfalt unserer menschlichen Evolution, unseren Fähigkeiten und Schwächen. Die Kuppel ist Symbol für unser geistiges Streben, das in der Spitze ihre Krönung erfährt, in der wir durch die spirituelle Aufrichtekraft die Einheit mit der Urkraft allen Seins erkennen dürfen.

Aufrichtung ist eine multidimensionale Kraft. Es ist die Kraft der Aufrichtigkeit im geistigen Wachstum und der aufstrebenden, biologischen Kraft des aufgerichteten Menschen, der sich von der Schwerkraft der Erde her aufrichtet. Wenn alles miteinander zusammenwirkt, fließt unser Leben im Einklang mit den geistigen und biologischen Gesetzen, die unsere menschliche Existenz bestimmen.

Ich schlage dir für deine multidimensionale Erfahrung der Aufrichtung eine Körperhaltung vor. Du findest sie auch als eine Gebärde der Aufrichtung in meinem Buch „Heilgebärden": Du kannst die Gebärde im Sitzen oder Stehen ausführen. Wenn du stehst, fühle die Erde unter deinen Füßen und richte dich von dort auf. Lass los in deinen Schultern und führe deine Hände in Gebetshaltung vor deine Herzmitte. Verbinde sie fest miteinander, bis du sie kraftvoll aneinanderdrücken kannst. Spüre, wie die Aufrichtekraft von deiner Wirbelsäule ausgeht. Du kannst dich jeweils im Einatmen dehnend weiter nach oben durch den Scheitelpunkt hinaus ausdehnen. Spüre die tiefe Verwurzelung mit der Erde unter dir und die Kraft der Aufrichtung, die dich mit der Himmelskraft verbindet.

Wenn du dich im Alltag kraftlos fühlst, wenn du müde oder gar ausgebrannt bist, dann hilft dir diese Gebärde. Neue Energie durchströmt dich. Sie richtet dich auf und stärkt nicht nur deine Körperräume, auch deine Gedanken und Gefühle brauchen deine aufrichtende Lebenskraft.

Aufrichtung

Mut

„Mensch, bleib' doch ja nicht steh'n.
Du musst von einem Licht fort in das andre geh'n."

Der christliche Mystiker Angelus Silesius formulierte diesen Mutvers in seinem „Cherubinischen Wandersmann", in dem du viele andere Mutverse findest. Angelus Silesius lebte in einer Zeit, in der man Mut brauchte, um zu sich selbst und zur Erkenntnis seiner inneren Wahrheit zu stehen. Aber zu allen Zeiten braucht es eine ganz besondere, der Situation angepasste Kraft, um mutig für eine Sache einzustehen. Geschieht das aus der Lebenskraft heraus, die alles Leben in Freiheit und Würde unterstützt, die auf alles Leben in Liebe und Gerechtigkeit, in Gewaltlosigkeit und Demut antwortet, dann erst setzt Mut ungeahnte Kräfte frei. Es sind die Kräfte eines neuen, lebendigen, freudeerfüllten Lebens, an dem alle teilhaben. Es gibt unzählige Beispiele von Menschen hierfür, die du kennst und bewunderst. Aber ist es nicht bewundernswert, dass du, wenn auch zunächst total unbewusst, diese Weltenbühne betreten hast? Ausgestattet mit allen Seelenkräften, um das Abenteuer des Lebens mit deinem Mut, den du mitbekommen hast, zu entdecken? Sage ja zu diesem Mut zum Leben. Es ist ein Gottesgeschenk. Sage ja zu deinem Lebenszyklus und beginne mit Freude den neuen Lebensraum. Sage ja, wenn du tapfer eine Krise durchstehen musst, der Mut hierfür schenkt dir heilende Kräfte und Menschen, die dich in deinem Mut stärken. Sage ja zu deiner ganz individuellen Lebensweise, wenn sie für dich eine wahrhaftige, geisterfüllte Kraft ist, in der du dich mit Herz und Seele zu Hause fühlst. Habe den größten Mut, die Demut des Herzens, deiner Seele zu begegnen.

Mut

Verbundenheit

Alle Kräfte reichen von der natürlichen, lebensnotwendigen Kraft bis hin zur höchsten Seelenkraft und darüber hinaus zur Quelle aller Kräfte. In der Kraft der Verbundenheit kommt diese kosmische Wahrheit schon durch das Wort zum Ausdruck: Wir sind mit allem Sein verbunden. Wann wird sie aber für dich zu einer wachstumsfördernden Kraft der Freiheit, die dich nicht bindet, sondern frei macht? Nun, je tiefer die Energie der Verbundenheit reicht, desto freier bist du. Die vollkommene Hingabe an Gott verbindet dich mit dieser Quelle. Viele Kräfte, die du kultiviert hast, helfen dir dabei: Sei achtsam im Umgang mit dir selbst, so dass du die tiefe Verbundenheit mit dir erfährst.

Kultiviere Schönheit und Musik in deinem Leben und du wirst dich mit wahren, erfüllenden Freundschaften umgeben. Im Dienst am Leben, in Bescheidenheit und Demut verbindest du dich ununterbrochen mit der Fülle des Lebens.

Lebe die Liebe und suche immer wieder die Stille in dir selbst, dann wirst du wach und feinfühlig für die Verbundenheit mit deiner göttlichen Quelle, aus der heraus inspirative, neue Kräfte fließen. Sei dieser Quelle treu. Wahre Verbundenheit macht dich offen und frei für das große Leben. Aus der Quelle aller Kräfte und mit ihrer Verbundenheit bekommst du die Kraft für die Meisterschaft deines Lebens.

Verbundenheit

Treue

In schnellem Galopp ritt ich mit meinem Pferd durch ein kurvenreiches Waldstück. In einer Wegbiegung konnte ich ein herausragendes Aststück nicht erkennen und so geschah es, dass der Ast meinen Steigbügel erfasste und von meinem Stiefel herunterstreifte. Durch die Wucht kippte ich seitwärts. Um einen unkontrollierten Fall zu vermeiden, ließ ich mich mit einer Judorolle herunterfallen. Das Pferd galoppierte ungebremst davon, unmöglich, es wieder einzuholen. In der nächsten Kurve kam es mir mit ruhigem Schritt, hängendem, fast schulderfüllt geneigtem Kopf entgegen und ließ sich freudig umarmen. Tiere zeigen uns ihre Treue durch eine der wichtigsten Qualitäten, die Treue zum Ausdruck zu bringen. Es ist die freiwillige Verbundenheit, die sie uns in ihrer Treue schenken. Sie können nicht Treue schwören und wir können sie nicht durch Zwang einfordern. Wenn sie mit uns übereinstimmen , vertrauen sie uns bedingungslos, weil sie wissen, dass sie sich auf uns verlassen können. Für uns Menschen kommt noch ein bedeutungsvolles Element der Treue hinzu. Wir lassen dem Menschen, dem wir unsere Treue schenken, nicht nur seinen individuellen Lebensraum, seine persönliche Meinung und gestehen ihm sein individuelles Lebenswachstum zu, sondern das Gleiche muss auch umgekehrt gelten. Treue ist deshalb der freigiebigste Ausdruck der Liebe unter Freunden und Liebenden. Treue bedeutet Liebe zur Freiheit. Deshalb muss auch ein jeder religiöse, spirituelle Lebensweg diese Freiheit zum Ausdruck bringen, sonst entartet Treue zur zwanghaften Pflichterfüllung, in der die Liebe stirbt und Unfreiheit das Herz beengt. Weite dein Herz für die Liebe und fühle mit deiner Liebe die Luft der Freiheit. Dann kannst du wahrhaftig treu sein und Treue als Geschenk empfangen.

Bescheidenheit

Stell dir vor, du planst eine Pilgerwanderung für eine Woche. Dabei kannst du natürlich nur das Notwendige in deinen Rucksack packen, was du für diesen Zeitraum benötigst, höchstens sieben Kilo Gepäck für eine Woche. Es ist eine gute Übung in Bescheidenheit mit der Frage: „Was brauche ich wirklich?".

Unser ganzes Leben ist eine Pilgerreise von einem Leben, das uns jetzt bewusst ist, und einem Leben in eine neue Dimension des Bewusstseins, das uns noch nicht zugänglich ist.

Was brauchen wir wirklich für ein erfülltes, lebenswertes Leben auf dieser Erde? Was brauchst du? Diese Frage ist eine Frage der Klugheit. Allein durch diese Frage erkennst du, dass alles, was du nicht brauchst, eine Belastung und Behinderung ist für deinen Geist. Der spirituelle Geist in uns ist der Geist des Wachstums und der Fülle. Bescheidenheit ist die Kraft der Klugheit oder die spirituelle Intelligenz der Unterscheidung, die sich vollkommen frei machen kann von materieller Gebundenheit und im Reichtum des Geistes erkennt, wo die Lebensressourcen ein Wachstum für alle garantieren. Bescheidenheit ist die nachhaltigste und naturverbundenste Kraft des Geistes.

Es beginnt schon mit der Nahrung. Kaufe und iss nur das, was du für das Wohlergehen deines Körpers brauchst. Umgib dich mit Schönheit. Die Weisheit der Schönheit liegt in ihrer Einfachheit und Klarheit. Die Kraft der Bescheidenheit lässt dich großzügig das Leben genießen, denn das Leben bist du selbst in deiner geistigen Fülle. Sie ist so unendlich köstlich. Genieße das Leben mit der Frage der Klugheit: Was brauche ich wirklich?

Bescheidenheit

Demut ist der höchste und edelste Mut des Menschen! Es gehört Mut dazu, auf die innere Stimme zu hören und in allen Situationen dem Leben zu dienen, denn Demut ist aus dem Wortstamm Dien-mut entstanden. Demut ist eine Kraft, die durch Einsicht auf dem Lebensweg wächst. Sie ist im übertragenen Sinn wie eine Examensnote auf dem geistigen Weg. Du bist ein geistiges Wesen. Alles, was uns auf dieser Erde begegnet, dient ja dazu, ganz Mensch zu sein. Das ist schon ein großes Abenteuer, das Abenteuer des Bewusstseins. Für dieses Abenteuer brauchst du das Kraftschild der Demut. Ganz besonders auf dem Weg nach innen, zu dir selbst. Durch Demut wächst du in die Kraft deines Selbstbewusstseins. Bewusstsein ist der Motor allen Lebens. Wenn du dich nicht mehr nur von der begrenzten Entwicklungsstufe der natürlichen Evolution lenken lässt, sondern den Mut hast, sie zu überschreiten, hilft dir die Kraft der Demut, in der du dein Bewusstsein ohne Gefahr ausweiten und entfalten kannst.

Bereite dich in Demut mit deinem ganzen Wesen darauf vor, in die lichte Weite deines wahren Wesens zu wandern, in denen alle Schätze der Seelenkraft verborgen liegen. Hierfür brauchst du eine Übung, die für dich selbst schon einen Kraftakt einfordert und sogar die lebensnotwendige Kraft des Loslassens überschreitet: Entsage dem Kleinmut! Entsage der Kleingläubigkeit und glaube fest an den Urgrund allen Seins, die Liebe! Entsage allem, was dich von der Wahrheit der Einheit mit allem Sein trennt! Lebe schon jetzt im Bewusstsein der Einheit, das führt dich in die Kraft der Demut! Sie hilft dir, dich als göttliches Lichtwesen anzunehmen und aus diesem Licht zu leben.

Dienen

Dienen ist der schnellste Weg zum Glücklichsein. Dienen ist ein anderes Wort für den ununterbrochenen Ausgleich der Kräfte im Universum. Deshalb bedeutet Dienen nicht Unterwürfigkeit, sondern in der universellen Kraft zu stehen, das Leben als Geschenk zu erfahren. Der Dienst am Leben öffnet die Türen für das Leben selbst.

Erkenne dich selbst als ein Geschenk des Lebens. In diesem Bewusstsein handelst du aus der Quelle der Kraft, aus der dein Leben ständig fließt.

Deine Sinne öffnen sich für die Geschenke des Lebens, die dir als dein rechtes Maß zufallen. Wenn das Egobewusstsein von seinem Thron der Überheblichkeit und Maßlosigkeit abgestiegen ist, kann sich der Blick für das große Leben öffnen und die Achtung vor der ganzen Schöpfung wächst. Die Achtung vor der Schöpfung ist der Anfang des Dienens. Es macht dich würdig als Mensch und gibt dir die Berechtigung, Lebensdiener, Lebensdienerin zu sein. Dienen ist die wahrhaftige, königliche Würde eines jeden Menschen.

Frage dich in deinem tiefsten Innern: Wem diene ich?

Wenn es nicht der Urkraft allen Lebens dient, wirst du spüren, dass du Kraft verlierst. Wenn du den Impuls in dir erkennst, dem großen, dem ganzen Leben zu dienen, wirst du selbst zum Instrument dieses Lebens. Ihre Kräfte stehen dir aus der Quelle allen Lebens zur Seite und du bist eins mit ihr. Wenn du deinem Körper mit gesunder Lebensführung dienst, beschenkt er dich mit vitaler Kraft.

Wenn du dienend denkst, wirst du mit lebensbejahender Gedankenkraft beflügelt. Wenn du der Urkraft allen Lebens mit deiner ganzen Liebe dienst, stehst du in der Urkraft des Lebens. Im Dienst bist du ein Geschenk für das Leben und für dich selbst.

Bitte halte einen kleinen Moment inne und spüre nach, ob jetzt ein kleiner Lichtfunke des Glücks in dir geöffnet ist? Dieser kleine Spalt ist eine Voraussetzung dafür, dass sich der Lichtfunke Glück weiter und weiter für das Glück deines Lebens ausbreiten kann. Es gibt aber auch Augenblicke im Leben, in denen selbst dieser kleine Lichtspalt für dein Lebensglück durch ein Ereignis verschlossen zu sein scheint. Dann rate ich dir, dich der vielen Lebenskräfte zuzuwenden, die in diesem Buch aufgeführt sind. Sie alle tragen dazu bei, den Kanal für dein Lebensglück zu öffnen, zu weiten, um zu erkennen, dass dein Lebensglück nie verloren gehen kann.

Jetzt aber ist dieser Glücksspalt geöffnet? Dann sende die Kraft der Entscheidung für dein Lebensglück mit aller Entschlossenheit in diesen deinen Lichtstrahl Glück. Glück verbindet dich mit allen Lebenskräften. Sie alle sind dein Geburtsrecht.

Wie viel Glück hast du schon in deinem Leben erfahren? Jede kleinste Erinnerung daran kann dein jetziges Lebensglück bereichern. Schenke deinem Leben, das hinter dir liegt, ein Lächeln der Dankbarkeit, entscheide dich erneut für dein Lebensglück. Es gelingt dir sicher, aber lass dir auch Zeit und spüre, wie dadurch auch die Kraft der Entscheidung für dein Glück wächst. Nun lass mit der Kraft deine Entschlossenheit, dein Lächeln durch deinen ganzen Körper strahlen. Erfrische auch deinen Geist mit seinen Gedanken und Gefühlen für Glück. Spüre, wie sich dein Herz immer mehr für das Glück deines Daseins öffnet. Der kleine Lichtfunke des Glücks kann dich in die unendliche Weite der Glückseligkeit hineintragen, die zu deinem Seelengrund gehört. In dieser Glückseligkeit bist du zu Hause. Entscheide dich für dein Glück. Sei glücklich und lächle dem Leben entgegen.

Loslassen

Warum fällt uns das Loslassen so schwer? Wir wissen doch, dass wir es von Augenblick zu Augenblick immer wieder neu vollziehen müssen. Loslassen ist im dynamischen Prozess des Lebens eingewoben. Es gibt ohne Loslassen kein neues Leben. Loslassen befreit von den Kräften, die belasten oder gar krank machen.

Ganz gleich, ob deine Körperzellen, dein Atem, dein Herzschlag oder dein Körper durch seine physischen Funktionen und Organe ihre Altlasten loslassen, deine Zellen erneuern sich, dein Atem erfrischt dich, dein Stoffwechsel versumpft nicht, du wirst nicht müde, du erlebst körperliche Kraft. Loslassen ist dein Anti-Aging-Geheimnis.

Also schon biologisch ist Loslassen eine Supermotivation für dich, Loslassen auf allen Ebenen auszuweiten. Wenn du alte, überholte Gedanken, Glaubensmuster oder Lebensumstände freigibst, dann können neue Gedanken deinen Geist beflügeln und dir intuitive Kräfte zuwachsen lassen. Du kannst gut schlafen, weil dich zurückliegende Ereignisse nicht mehr belasten. Loslassen im rechten Augenblick bedeutet Kraftzuwachs für eine neue Kraft. Aber es ist eine Lebensübung.

Spüre einmal in diesem Augenblick in dich hinein. Wo fühlst du dich unfrei? Was immer dir das Leben anbietet, führe es zu Ende, aber dann lass los. Was lastet auf deinen Schultern? Nimm deine Symptome als ein Zeichen, sei achtsam für den Augenblick, wo du befreit loslassen kannst. Was bedrückt dich? Öffne Herz und Geist und lächle dem Neuen entgegen.

Loslassen

Vergebung

Jeder Akt der Vergebung bringt dich dem Himmel näher. Er liegt in dir selbst, in der Tiefe deines geistigen Herzens, in dem alle göttlichen Kräfte zusammenwirken. Wir werden schuldig, weil wir Fehler machen. Schuldgefühle trennen uns voneinander, und es gilt, sie durch Vergebung zu heilen.

Die Bitte um Vergebung einer Schuld ist gleichzeitig mit der Kraft verbunden, das Leben neu zu ordnen. Deshalb schlage nie eine Bitte um Vergebung aus. Du würdest dem Menschen, der dich darum bittet, die Chance reduzieren, den Weg zu sich selbst zu finden, um in sich selbst seinen rechten Weg zu erkennen.

Das gilt auch für uns selbst. Wie oft können wir uns selbst nicht vergeben und hängen damit fest in einer Verletzung, die uns Kraft nimmt, Lebenskraft zu empfangen.

Beginne heute mit der Kraft all deines Mutes und fange an, deinen Mitmenschen aus tiefstem Herzen zu vergeben. Gib ihnen damit die Chance für einen Neubeginn. Reiche ihnen deine Herzenshand und spüre, wie dich durch deine Vergebung die Kraft des Friedens erfüllt. Betrachte auch dein Leben. Wie oft hast du Fehler begangen oder wurdest zu Unrecht beschuldigt? Dein Wissen und dein Bemühen, alles richtig zu machen, hatten dich nicht vor Fehlern bewahren können und es wird auch in Zukunft nicht gelingen.

Vergib auch dir selbst, damit du die Wirkkraft deines inneren Lehrmeisters erkennen kannst. Aus der inneren Herzensweisheit lebst du dann von Augenblick zu Augenblick und kannst in der Vergebung die göttliche Urkraft erfahren und aus ihr heraus dein Leben gestalten.

Wenn dir in diesem Augenblick jemand einfällt, der deine Vergebung braucht, dann vergib' ihm jetzt, in diesem Augenblick. Schaue durch die Wand, die euch trennt und aus der heraus eine Verletzung entstanden ist. Erkenne sein wahres, lichtvolles Wesen, dann wird es leicht, zu vergeben.

Vergebung

Geduld

Oh, du meine Güte. Ich muss dir, liebe Leserin, lieber Leser, gestehen, dass ich mit dir gemeinsam immer wieder neu Geduld üben muss. Geduld braucht die Klugheit der Weitsicht, ohne dass wir das Ergebnis vorwegnehmen. Gerade durch Geduld kann das Ergebnis in seiner Einmaligkeit so wachsen, wie wir es eben nicht voraussehen können. Nur deshalb gedeiht es zu seiner individuellen Reife. Das betrifft sowohl biologische Prozesse, wie das Wachstum der Saat, als auch unsere körperlichen Lebensprozesse. Geduld ist die Kraft, in der wir jedem Wachstumsprozess seine Würdigung, seine Berechtigung zuerkennen, nach eigenen Gesetzen zu gedeihen.

So brauchen unsere Kinder unsere Geduld, damit sie in Freiheit wachsen und ihr Selbstbewusstsein entdecken. Unsere Mitmenschen brauchen unsere Geduld, weil niemand ohne Fehler ist und wir nicht ihren Lebenslauf beurteilen können. Wir brauchen für uns selbst die größte Geduld, damit wir uns selbst in unseren Möglichkeiten wertschätzen. Aus der Geduld heraus erwächst der rechte Zeitpunkt und das rechte Maß, den Prozess des Lebens mit Kraft und Entschlossenheit zur Vollendung zu bringen. Fehlt dir gerade Geduld? Dann nimm deinen ganzen Mut, werde still und lausche in deinen Atem. Lass alle Ziele, Entscheidungen oder Erwartungen los. Vertraue, dass dein Leben alles für dich bereithält, was du für dich brauchst. Spüre Geduld als hingebungsvolle Stille, durch die du dem Leben vertrauen kannst. Du kannst so in eine der größten menschlichen Kräfte der Weisheit hineinwachsen, den Gleichmut, der alles heilt, was dir das Leben auch anbietet. Geduld, Geduld, Geduld ist der Weg zu dieser Gnade, Gleichmut zu erfahren.

Geduld

Erinnere dich doch einmal jetzt an einen Moment in deinem Leben, in dem du total begeistert warst. Wenn du dir dieses Gefühl wieder bewusstmachst, wirst du mit mir über die folgende Beschreibung dieser Kraft wahrscheinlich übereinstimmen. Erinnerst du dich? Dieser Moment war wirklich alles überragend. Begeisterung ist offensichtlich die geistige Kraft, die alle Bewusstseinsräume durchströmt und zu einem einzigen Kraftstrom vereint. In dieser vereinigenden Kraft fühlen wir uns stark und lebendig. Sie ist ein Höhepunkt der Gefühle und voller Lebensfreude. Begeisterung ist die Kraft, die mit uns total übereinstimmt. Wir sagen aus vollem Herzen ja zu dem Moment in unserem Leben, der die Ursache für diesen Kraftstrom hervorgezaubert hat. Wie aber kannst du diese Superkraft für dich mobilisieren, so dass dir ein wichtiger Satz in deinem Leben immer wieder neue Kraft schenken kann: „Ich bin begeistert von meinem Leben." Dieser Satz ist der Schlüssel für deine lebensbegeisternde Kraft. Es ist der Augenblick des ganz Neuen, so wie das Leben, das von Augenblick zu Augenblick neu ist. Wenn du dich an deinen Begeisterungsmoment erinnerst, waren die Urkräfte des Lebens, Liebe und Freude, in deinem Begeisterungsstrom integriert. Du konntest dir also ein ganz persönliches Lebenshaus aus Begeisterung bauen:

Begeisterung

Liebe   Freude

Frage dich: „Was liebe ich? Was macht mir Freude? Womit stimme ich überein? Dann lasse dich vom Leben begeistern.

Begeisterung

Ausdauer

Manchmal fällt uns im Leben einfach etwas zu. Es sind Augenblicke des Glücks und der Leichtigkeit und wir wünschen uns, dass das doch häufiger geschehen möge.

Du kennst solche Glücksmomente. Doch wenn du dein zurückliegendes Leben betrachtest, das auf diesen Glücksmoment zusteuerte, wirst du erkennen, dass sehr viel dazu beigetragen hat, dass du jetzt, in diesem Augenblick, einen solchen mit Leichtigkeit entstandenen Lebensmoment erfährst. Ganz sicher war die Kraft der Ausdauer der Motor, der dich zu diesem Lebenserfolg geführt hat.

Eine überlieferte Geschichte erzählt in ihrer drastischen Symbolkraft von der Kraft der Ausdauer.

Schon einige Jahre ging ein Händler durch die Wüste, um auf der anderen Seite seine Ware anzubieten. Auf seiner langen Wanderung kam er durch eine Oase. Er füllte seinen Vorrat auf, ruhte sich in der Nacht am Feuer aus und ging früh morgens erfrischt weiter. So geschah es viele Jahre.

Eines Tages erwartete er gegen Abend, wie gewohnt, die Oase. Als er sie erreichte, erschrak er zu Tode. Das Wasser war versickert und die Palmen vertrocknet. Nur ein kleiner Palmableger kämpfte sich durch den heißen Wüstensand. Verzweifelt ließ er sich neben dem Palmableger nieder. Er wusste nicht, ob er seinen Zielort ohne frisches Wasser erreichen konnte. Er schlief erschöpft für ein paar Stunden ein. Am nächsten Morgen sah er sein Unglück noch bedrohlicher. Er nahm einen Stein und drückte ihn in die zarte Krone der Palme: „Wenn ich nicht überlebe, sollst du es auch nicht." Dann nahm er sein Hab und Gut und ging weiter.

Nach einigen Jahren hörte er, dass sich die Oase erholt hatte. Er machte sich, wie gewohnt, auf den Weg und erreichte gegen Abend die neu entstandene Oase. Am Rande der neu entsprungenen kleinen Quelle stand eine kraftvolle Palme. In ihrer Krone entdeckte er den Stein, den er ihr voller Verzweiflung einst eingedrückt hatte. Tiefste Reue überkam ihn und Tränen des Mitleids übermannten ihn. Er umarmte den Stamm der Palme mit der inbrünstigen Bitte um Vergebung. Er vermeinte im Raunen des Windes, der durch die Palmzweige wehte, eine Antwort zu hören. „Ja, du tatest Unrecht und mein Leben war Mühsal und Kampf. Doch durch meine innere Kraft der Ausdauer wurden meine Wurzeln stark. Sie fanden das Wasser für mein Lebenswachstum. Jetzt bin ich groß und kraftvoll. Ruhe dich aus, Wanderer, damit auch du neue Kraft und Ausdauer für deinen Weg bekommst."

Ausdauer

Wort

Nun könnte ich alle Worte der Kraft aufzählen, die du in diesem Buch wiederfindest. Worte sind reine Energie. Sie sind nicht nur mit deiner persönlichen Energieschwingung aufgeladen, sondern eine verbindende Kraft mit den Wortschwingungen, die bereits im Kosmos ihre Wirkung hinterlassen haben. Du verstärkst zum Beispiel mit der Wortschwingung Frieden das Energiefeld aller Wortschwingungen des Friedens. Stell dir vor, wie viele Worte du in deinem Leben ausgesprochen hast. Zuerst haben sie dein eigenes Energiefeld durchwandert und beeinflusst. Gleichzeitig schwingen sie ein in dein Umfeld und verbinden sich letztlich mit dem großen, kosmischen Feld. Spürst du die Verantwortung, die du mit dem ganzen Energiefeld hast? Worte beginnen in deinen Gedanken und drücken sich nach außen verbal und als Handlungen aus. Wenn du dich in deiner Stille wahrnimmst, erfährst du durch deine Gedanken die Qualität deiner Worte. Deine Gedanken werden im Raum der Stille von allem belastenden Unrat gereinigt, so dass sie nicht mehr durch die gesprochenen Worte zum Ausdruck kommen können. Es ist der kraftvolle Pfad der Reinigung von innen nach außen. Du kannst ihn verstärken, indem du die uralte Übung des Lichtkraftwortes von außen nach innen hinzunimmst.

Darin liegt die Kraft des Gebetes oder des Mantras. Wenn du ein Lichtwort mit deinem Atem verbindest, zum Beispiel das Lichtwort „Liebe", dann wird sich diese Lichtkraft mit deiner inneren Seelenkraft verbinden, denn dort bist du Liebe. Dein gewähltes Kraftwort hilft dir, alle krankmachenden und nach außen verletzenden Worte zu reinigen.

Allmählich werden alle Lichtkraftworte so mächtig, dass ihre Kraft nicht nur dich von allen Verletzungen heilt, sondern dass dein Wort als heilender Lichtton in diese Welt schwingt und Frieden stiftet.

Wort

Hingabe

In der Kraft der Hingabe an den Urgrund allen Seins werden dir alle Pforten der Lebenskräfte von innen nach außen geöffnet. Hingabe ist eine verbindende Kraft, die dich mit der Wahrheit deines Menschseins verbindet. In ihrer spirituellen Kraft kannst du beständig wachsen und in dieser Welt segensreich wirken. Ich lade dich ein, die folgenden Lebensübungen der Hingabe in dein Leben zu integrieren. Du wirst staunen, wie viel Kraft dir von innen nach außen zuwächst:

♦ Verwandle die Liebe des Ego in die Liebe des Herzens.
   ∿ Gib dich deinem inneren Herzensraum hin.
   Du wirst die Kraft der Liebe spüren, die alle Wunden heilt.

♦ Löse die Unwissenheit deiner begrenzten Sinne und des dich begrenzenden Verstandesdenkens auf durch das Licht des grenzenlosen Seins.
   ∿ Gib dich ganz in vollem Vertrauen der Weisheit aus dem Urgrund allen Seins hin.
   Du wirst die Kraft der Führung aus dem Quellgrund aller Kräfte spüren.

♦ Ersetze die Lust durch wahre Freude, die du durch die Reinigung deiner Gefühle erfährst.
   ∿ Gib dich immer häufiger der Stille hin.
   In ihr wird dir die Kraft der Gelassenheit geschenkt.

♦ Erfülle dich mit dem Geist allen Lebens, so dass die Gier nach Geld und Macht von dir abfällt.
   ∿ Hingabe bedeutet, sich ganz von diesem Geist erfüllen zu lassen.
   Durch ihn wird dir die inspirierende Kraft geschenkt, im Reichtum deines Seelenbewusstseins wahrhaftig zu leben.

Hingabe

Frieden

„Nie wieder Krieg" ist wohl eine Herzenssehnsucht, die uns seit Menschenge-denken begleitet. Nichts bedroht unser Leben so sehr wie das Gegenteil des Friedens. Sehnsucht nach Frieden ist deshalb eine elementare Lebenskraft, weil Frieden nicht nur unser Überleben sichert, sondern alle anderen Lebens-kräfte mobilisieren hilft. Wir fühlen das als tiefe, innere Zufriedenheit.

Im Bewusstsein der Zufriedenheit fühlen wir uns mit uns und unserer Mit-welt verbunden. Deshalb beginnt Frieden auch in uns selbst. Die Sehnsucht nach Frieden in der Welt beginnt mit unserer inneren Zufriedenheit. Aber von Augenblick zu Augenblick verändern sich Lebensprozesse, die mit alten Gewohnheiten im Denken und Handeln nicht mehr übereinstimmen. Frieden, Zufriedenheit, bedeutet also in besonderer Weise, sich neuen Lebensprozes-sen so anzupassen, dass daraus eine neue Zufriedenheit erwachsen kann. Hierbei ist Wachsamkeit die Basis, die den Nährboden für Frieden schafft. Frieden, Zufriedenheit brauchen Wachsamkeit für die Qualitäten des Lebens, die nicht nur alle miteinander in Frieden leben lässt, sondern auch durch mich selbst die Kraftquelle des Friedens sprudeln lässt.

Ich schlage dir deshalb eine Achtsamkeitsübung für den Frieden vor:

Die Quelle deines Friedens liegt in deinem geistigen Herzen. Sei großherzig zu dir und zu allen Wesen. Es ist genug da für alle. Übe dich in der Barmher-zigkeit und achte darauf, dass du nicht für dich selbst zum Feind wirst. Sorge für dein Wohlergehen, so dass du andere damit erfreust und reich beschenkst.

Lasse fünf Minuten am Tag in einem „Geh-bet" Frieden durch deine Füße in die Erde strahlen. Spüre am Ende eines Tages in tiefer Zufriedenheit, was dir das Leben geschenkt hat, und schlafe mit einem Dank und mit dieser Zufrie-denheit ein. Wenn du unzufrieden bist, werde tief in dir still und atme mit dem Kraftwort Frieden.

Transparenz

Bist Du schon einmal in deinem Leben das Wagnis eingegangen, deinem Seelenruf zu folgen, der dich in die Einheit führen will? Hast du schon einmal in der Begegnung mit der Natur einen beseligenden Augenblick der Einheit erlebt? Bist du schon einmal ganz mit dem Lebensatem eines Baumes verschmolzen? Hast du dich schon einmal darauf eingelassen, in den Wellen des Meeres zu versinken, im Vertrauen darauf, dass dich die Welle wieder emporspült? Oder konntest du einmal in tiefer Liebe im Atem eines geliebten Wesens mitschwingen?

Transparenz bedeutet ja, durchlässig für das höchste Gut der Einheit zu werden. Es ist sowohl Übung als auch Gnade. Die Übung ist Liebe und Hingabe. Die Gnade ist das Geschenk der Einheit.

Wie viele Beispiele schenkt dir das Leben, die das Wunder der Einheit durch deine Transparenz widerspiegeln! Immer ist es mit einem Wagnis verbunden, sich ganz dem anderen hinzugeben und in ihm aufzugehen, ganz Baum zu sein oder Welle des Meeres, ganz eins zu sein mit einem geliebten Menschen, um in dieser Transparenz für einen Augenblick die Sehnsucht nach Liebe zu erfüllen und zu wissen, ihn nie wieder zu verlieren.

Das Wagnis, so transparent, so durchlässig zu sein, um die Einheit mit dem Höchsten Sein zu erfahren, verlangt mehr als die Hingabe eines Augenblicks. Es fordert jeden Augenblick deines Lebens von dir, dich der höchsten Seelenführung zu übergeben, um dich von ihr in das Wunder der Einheit führen zu lassen.

Es bedeutet, so transparent in allen Schichten deines Seins zu werden, dass nur der Urgrund allen Seins dein Leben durch dich hindurch lebt. In dieser Transparenz fragst du nicht mehr nach Kraft. Du bist Kraft in der Kraft allen Lebens.

Transparenz

Achtsamkeit

In der Achtsamkeit
Des einen Augenblicks
Durchbrichst du die Mauern der Zeit.
Achte auf diesen einen Schritt!
Er führt dich an die Grenze des Seins.
Erfahre diesen einen Atemzug!
Er öffnet dir die Welt des Lichtes.
Spüre den einen Pulsschlag des Herzens!
Er kennt den Weg
Zum Land der Liebe!

Achtsamkeit

Stille ist der erleuchtete Klang des Universums.
Stille ist der berauschende Ton, durch den das Nichts alles erklingen lässt.
Stille ist die Melodie im Band der Liebe, das alles miteinander vereint.

Ich lade dich zu einer Übung ein, die dir hilft, Stille zu erfahren.
   Lausche auf alle Geräusche. Wenn du Glück hast, wirst du Vögel zwitschern hören. Vielleicht dringt der Lärm vorbeifahrender Autos oder Stimmengewirr an dein Ohr. Höre, ohne zu bewerten, ohne dich davon beeinflussen zu lassen. Dringe durch alle Geräusche hindurch. Nimm deinen Hörsinn von den vordergründigen Geräuschen weg und höre nun auf die Laute, die du dahinter entdeckst. Ziehe deine gesammelte Aufmerksamkeit aus der Ferne zurück, ganz nah zu dir heran. Nimm alle Geräusche in deiner unmittelbar engsten Umgebung wahr, bis du deinen Atem hörst. Bleibe in diesem Lauschen. Dringe noch tiefer durch das Strömen deines Atems hindurch, bis du auch deinen Atem nicht mehr hörst, sondern nur einen unhörbaren Hauch wahrnimmst. Dringe auch durch den Hauch hindurch, bis du in dir das Geheimnis der Stille berührst. Spüre, wie dich die Kraft der Stille erfüllt. Tauche ein in den Raum der Stille. Lausche. Schweige.

Aus der Kraft der Stille wirst du wie auf Engelsflügeln durch dein Leben getragen. Verwandle die Welt durch die Kraft deiner Stille.

Stille

Ein Funke im All

Die Sterne glänzen
für dich in der Nacht.

Der Mond singt sein
Lied für dich.

Die Sonne zieht ihre Bahn
im Kreise der Planeten.

Das Zentrum bist du.
Die innere Sonne
durchstrahlt deine Sterne.

Jedes Lachen ist ein
Sternenfunke der inneren Sonne.

Jedes Wort formt sich zur Sprache,
aus deiner Herzenssonne geboren.

Der Mond ist dein Geheimnis,
das aus deinen Augen leuchtet.

Wunderbar wird dein Leben:
Sanft wie der Mond,
strahlend wie die abertausend
Sterne des Himmels.
Alles ist im Licht vereint,
wie die Sonne.
Vertraue!

Licht

Weitere Bücher aus dem Verlag Via Nova:

Die Vision vom göttlichen Menschen
Eine spirituelle Weg-Begleitung in das neue Jahrtausend
Barbara Schenkbier

Paperback, 424 Seiten, 21 ganzseitige Bilder, ISBN 978-3-928632-68-3
Prachtband: Geb., 424 Seiten, Einband Kunstleder mit Goldaufdruck,
21 ganzseitige Bilder, Zweifarbendruck, ISBN 978-3-928632-18-8

Das Buch ist ein umfassendes Standardwerk, das den Durchbruch einer neuen Evolutionsstufe im Bewusstsein des Menschen vorbereiten hilft. Aufbauend auf wissenschaftlichen Erkenntnissen und der mystischen Tradition aller Religionen führt es zu einem tieferen Wissen über das menschliche Bewusstsein, um dann den Weg zum göttlichen Menschen zu beleuchten. Alle wichtigen Schritte werden beschrieben, wesentliche Übungen aus einer neuen Sicht heraus dargestellt und die Transformationsstufe zu einem neuen Bewusstsein geschildert. Beim Lesen und Anwenden der beschriebenen Wahrheiten eröffnet sich dem Leser eine neue Sicht auf den Sinn des Lebens. Alle, die den geistigen Weg beschreiten, werden ihn besser verstehen, ihn bewusster, mutiger und konsequenter weitergehen. Das Buch ist aus der eigenen spirituellen Erfahrung der Autorin heraus geschrieben und eröffnet den Blick in eine Zukunft, die die evolutionäre Schöpferkraft selbst schaffen wird.

Heilgebärden
Verbindung mit dem heilenden Feld durch Bewegung und Meditation – Vorwort von Chuck Spezzano
Barbara Schenkbier

Hardcover, 160 Seiten, 42 mehrfarbige Fotos, ISBN 978-3-86616-175-7

Die Heilgebärden sind im Rahmen der Ausbildung für spirituelle Heilung inspirativ von der Autorin Barbara Schenkbier empfangen und ausgestaltet worden. Sie sind für jeden leicht durchzuführen. Achtsame Gebärden und Haltungen öffnen den Übenden für den Strom der Heilenergie aus dem heilenden Feld. Dynamische Bewegungen und Energiemassage aktivieren die Lebensenergie, so dass der Körper und die Feinstoffebenen durchströmt und geheilt werden. In der wachen Vergegenwärtigung der strömenden Heilkraft und in den Meditationen werden auch Geist und Seele angesprochen und wichtige spirituelle Grundhaltungen wie Achtsamkeit, Hingabe und Demut entfaltet.

Heilung und Neugeburt
Aufbruch in eine neue Dimension des Lebens
Barbara Schenkbier / Karl W. ter Horst

Hardcover, 272 Seiten, 30 Fotos, 10 Grafiken, ISBN 978-3-936486-57-5

Immer mehr Menschen suchen Auswege aus Einsamkeit und Trauer, Isolation und Sinnkrise. Sie sehnen sich nach Wärme und Licht, einem Aufbruch ins Leben, dem erneute Enttäuschungen und Niederlagen erspart bleiben. Barbara Schenkbier und Karl W. ter Horst geben anregende Impulse für den Aufbruch in eine neue Dimension des Lebens, für die spirituelle Neugeburt des Menschen. Diese Impulse sind begleitet von wegweisenden Ratschlägen für die Heilung von Seele und Körper. Die Autoren schöpfen aus der spirituellen Erfahrung einer neuen Dimension der Heilung und der Geschichte ganzheitlicher Heilverfahren aus dem göttlichen Feld. Die spirituelle Heilung wird ausführlich dargestellt. Mit einer bisher unveröffentlichten evolutions-psychologischen Methode ermöglichen sie dem Leser überraschende Einblicke in die verschlungenen Verläufe seiner eigenen Entwicklung. Alles Mitmenschliche und Kraftspendende, das dabei ans Licht des Bewusstseins dringt, bewerten die Autoren als Quellen von Heilung und Glück.